S0-CLD-530

DISCARDED

Les igloos

Lauren Diemer

Weigl

Public Library

Incorporated 1862

Barrie Ontario

Publié par Weigl Educational Publishers Limited
6312 10th Street S.E.
Calgary, Alberta T2H 2Z9
Site web : www.weigl.ca

Copyright 2012 WEIGL EDUCATIONAL PUBLISHERS LIMITED
Tous droits réservés. Il est interdit de reproduire, stocker dans un système de recherche documentaire ou de transmettre sous quelque forme ou par quelque moyen que ce soit (électronique, mécanique, photocopie, enregistrement ou autre) tout ou partie de cette publication sans le consentement préalable par écrit de l'éditeur.

Catalogue avant publication de Bibliothèque et Archives Canada

Traduction de : Igloos: Canadian Icons/Lauren Diemer

Diemer, Lauren
        Les igloos : Les emblèmes canadiens / Lauren Diemer
Comprend l'index.
Aussi disponible sous format électronique.
ISBN : 978-1-77071-408-3 (relié)
        1. Les igloos--Littérature pour adolescents. 2. Les Inuits--Habitations--Littérature pour adolescents.
I. Titre.

E99.E7D53 2010   j.971.90004'9712   C2010-903750-2

Imprimé aux États-Unis à North Mankato, Minnesota
1 2 3 4 5 6 7 8 9 0 15 14 13 12 11

072011
WEP040711

Rédactrice : Heather Kissock
Conception : Terry Paulhus
Traduction : Julie McMann

Générique photographique : les Images Getty

Tous les efforts raisonnablement possibles ont été mis en œuvre pour déterminer la propriété des matériaux protégés par les droits d'auteur et obtenir l'autorisation de les reproduire. N'hésitez pas à faire part à la maison d'édition de toute erreur ou omission pour nous permettre de les corriger dans les futures éditions.

Nous reconnaissons que, dans notre travail d'édition, nous recevons le soutien financier du gouvernement du Canada par l'entremise du Fonds du livre du Canada.

Table des matières

Qu'est-ce que c'est qu'un igloo ?

Dans quelle sorte de maison habitez-vous ?
Est-ce que c'est construit de bois ou de briques ?
Imaginez habiter dans une maison construite de
neige et de glace. Ça c'est un igloo.

Le Grand Nord du Canada est connu pour ces
hivers froids. Dans le passé, **les Inuits** du Nord
du Canada construisaient des igloos pour leurs
maisons d'hiver. Les igloos aidaient à garder
les Inuits chauds en bloquant le vent. Quelques
personnes construisent toujours ces maisons de
glace pour se garder chauds.

Qui sont les Inuits ?

Les Inuits sont des peuples autochtones. Presque la moitié des Inuits du Canada vivent à Nunavut. Le reste habite dans le Nord du Québec, au Labrador et dans les Territoires du Nord-Ouest. La plupart des Inuits vivent dans de petites villes et villages. Quelques-uns se trouvent dans des endroits très **éloignés** du Nord du Canada.

Pourquoi construire un igloo ?

Dans le passé, les Inuits étaient, pour la plupart, des chasseurs. Ils suivaient les troupeaux d'animaux pendant qu'ils **migraient** avec les saisons. Les Inuits avaient besoin de maisons qui étaient faciles à construire. Une maison faite de neige répondait à ces besoins. On pouvait la construire dans deux heures. On quittait l'igloo quand c'était le temps de s'en aller.

Aujourd'hui, quelques Inuits construisent toujours des igloos pour y habiter pendant qu'ils font la chasse. Les Inuits construisent aussi les igloos comme abris pendant qu'ils voyagent.

Grands et petits

Les igloos peuvent être grands ou petits.
Quelques igloos sont assez grands pour abriter
20 personnes. Ces igloos sont faits de petits
igloos qui sont joints par des tunnels. D'autres
igloos ont seulement une grande salle.
Une famille habite dans ces igloos. Le plus
petit type d'igloo est assez grand pour une
personne seulement. Ces igloos sont construits
par des gens qui voyagent seuls.

Des blocs de construction

Les igloos sont faits de blocs de neige. Pour faire un bloc, la neige doit être empaquetée. La neige doit être assez dure pour être taillée sans tomber en morceaux. Les blocs sont coupés de la neige utilisant une scie ou un couteau. De grands blocs sont coupés pour former la base de l'igloo. De petits blocs sont coupés pour former le haut de l'igloo.

Un dôme chez soi

Les igloos sont taillés comme les dômes. Pour faire le dôme, chaque couche de blocs de neige doit être inclinée. On fait un cercle sur la terre avec la première couche de blocs. Ce cercle détermine la taille de l'igloo. D'autres couches de blocs sont ensuite placées l'une par-dessus l'autre pour former les murs et le toit de l'igloo. Le bloc supérieur est le dernier bloc à être placé.

Des détails supplémentaires

Avec le temps, les gens ont ajoutés des détails spéciaux aux igloos. Quelques personnes placent un bloc de glace dans le mur de leur igloo. Ceci devient une sorte de fenêtre et laisse passer la lumière. Un court tunnel peut être construit à l'entrée. Ça aide à empêcher les vents froids d'y entrer. Des fois, les murs à l'intérieur de l'igloo sont fondus par une flamme. On laisse les murs fondus geler encore une fois. Cette couche de glace sert à fortifier les murs de l'igloo.

À l'intérieur d'un igloo

Les Inuits couvrent souvent le plancher de leur igloo avec des fourrures d'animaux. Les fourrures fournissent de la chaleur. Une lampe de pierre est placée au milieu de l'igloo. La lampe fournit la lumière et la chaleur. Quelques personnes mettent même un poêle dans leur igloo. Pour cuisiner à l'intérieur, l'igloo doit être **ventilé**. Ceci laisse la fumée de la cuisson s'échapper.

La chaleur monte, alors la partie où on dort est sur une plateforme qui est plus élevée que l'entrée. Ici, l'air chaud des corps, des lampes ou du poêle y est contenu.

Le festival *Toonik Tyme*

Au printemps, à Iqaluit, la ville capitale de Nunavut, il y a un festival appelé *Toonik Tyme*. Le festival célèbre **la culture** inuit. Il y a des événements basés sur **des traditions** inuits.

Un de ces événements est un concours de construction d'igloo. Les gens se rivalisent pour construire un igloo le plus vite possible. Ensuite, ils doivent se tenir debout sur l'igloo pour prouver que c'est solide. La personne qui construit l'igloo le plus solide, le plus vite, gagne le concours.

Construire votre propre igloo

Le matériel :

un plateau en
polystyrène

une tasse en
polystyrène

des guimauves
miniatures

du papier

de la colle

Les directives :

1. Avec l'aide d'un adulte, coupez 2,5 centimètres de la partie supérieure de la tasse.

2. Tournez la tasse à l'envers et collez-la au plateau en polystyrène.

3. Collez une rangée de guimauves miniatures autour de la base de la tasse en polystyrène.

4. Continuez à coller d'autres rangées de guimauves autour de la tasse jusqu'à ce que se soit couvert.

5. Empilez quelques guimauves à un côté de la tasse pour faire la porte de l'igloo.

6. Votre igloo est maintenant complet !

Pour plus d'informations

Pour en savoir plus sur les igloos et les Inuits, visite ces sites web.

Comment construire un igloo
www.nfb.ca/film/How_to_
Build_an_Igloo

Comment faire un igloo en hiver pour les enfants ?
www.commentfaiton.com/fiche/
voir/32532/comment-faire-un-
igloo-en-hiver-pour-les-enfants

La voix arctique (Arctic Voice) – les Inuits
www.arcticvoice.org/inuit.html

Toonik Tyme Iqaluit
www.tooniktyme.com

Comment ça marche les igloos
http://people.howstuffworks.com/
igloo.htm

Glossaire

culture : les idées et les activités d'un groupe de personnes

éloigné : très loin d'autres villes ou villages

Inuits : des peuples autochtones du Nord du Canada

migré : s'est déplacé d'un endroit à l'autre

traditions : l'information, les croyances ou des traditions qui sont passées d'une génération à l'autre

ventilé : qui laisse l'air circuler dans un bâtiment ou structure

Index